Bualadh Bos 3

Rang 3

Carroll Heinemann
Aonaid 17-18
Páirc Ghnó Bhóthar na Sailí
Lána Chnoc Mitin
Baile Átha Cliath 12
http://www.carrollheinemann.ie

Cóipcheart © Máire Ní Rianaigh, Máire Chaomhánach 2004
Comhairleoir curaclaim: Breandán de Bhál
Eagarthóir bainistíochta: Helen Dooley
Dearadh: Shireen Nathoo Design
Maisitheoir: Tania Hurt-Newton

Arna fhoilsiú den chéad uair i mí an Mhárta 2004

ISBN 1-84450-038-1

Clár

Clár

⭐ *Éist agus scríobh an t-ainm ceart*

> Mamó
> Daidí
> Áine
> Ciara
> Séimí
> Mamaí

☐

☐

_____

_____

☐

☐

_____

_____

☐

☐

_____

_____

1

Mise

Is mise mise,

Ní mise tusa,

Is tusa tusa,

Ní tusa mise.

~

Is sinn sinn féin,

Ní éinne eile,

Is sinn sinn féin,

Thiar ar deireadh.

Con Ó Tuama

Léigh na cártaí agus tarraing do cheann féin

Ainm: Ciara
          Ní Dhuinn

Aois: 9
Súile: Gorm
Gruaig: Fionn

Ainm: Séimí
          Ó Néill
Aois: 9
Súile: Donn
Gruaig: Donn

Ainm:

_____

Aois:

_____

Súile:

_____

Gruaig:

_____

gorm
donn
glas
fionn
dubh
rua
gearr
fada
catach
díreach

⭐ **Léigh an cartún**

Meaitseáil na habairtí leis na pictiúir

Bhí péire eile róbheag dó.

Bhí péire amháin díreach ceart.

Cheannaigh sé an bríste sin.

Chuaigh Séimí go dtí an siopa éadaí.

Bhí péire amháin rómhór dó.

⭐ **Meaitseáil na páistí leis an teaghlach ceart**

Tarraing pictiúr de do theaghlach

duine amháin

beirt

triúr

ceathrar

cúigear

seisear

seachtar

ochtar

 Cad faoi do theaghlach? Scríobh thíos

_____ atá i mo theaghlach. Tá _____

_____

_____

_____

_____

★ *Éist agus tarraing* *nó*

ceol

spórt

scoil

sneachta

 ceol

 spórt

 scoil

 sneachta

Ciara

 ceol

 spórt

 scoil

 sneachta

Niamh

 ceol

 spórt

 scoil

 sneachta

Seán

 ceol

 spórt

 scoil

sneachta

San

★ **Imir Cluiche Cé Mise?**

Léigh, scríobh agus tarraing pictiúr

múinteoir	búistéir	siopadóir	garda
jacaí	tiománaí bus	maor scoile	bean an phoist
rúnaí	altra	feirmeoir	tiománaí bus

Is breá liom scoil.

Is _____ mé.

Bím ag marcaíocht.

Is _____ mé.

Bím ag tiomáint an bhus.

Is _____ mé.

Caithim éide ghorm. Bíonn litreacha agam.

Is _____ mé.

Spéaclaí

An bhfaca tú mo spéaclaí?

Ceapaim go bhfuil siad caillte.

An bhfaca tú mo spéaclaí?

Níl a fhios agam cá bhfuil siad.

Anois ní féidir liom dul ar scoil,

Cuardaigh liomsa, le do thoil.

Máire Chaomhánach

★ **Éist, cuir san ord ceart agus líon na bolgáin chainte**

An bhfuil siad ar an gcathaoir?

Ó bhó, tá siad briste!

Níl siad ann.

Ó, féach. Tá siad ar an mbord.

Níl a fhios agam.

Ní liomsa iad sin! | Féach i do mhála. | Cá bhfuil mo chuid spéaclaí?

⭐ **Scríobh do dhráma féin**

mo leabhar

mo chuid airgid

mo hata

faoin leaba

faoin gcathaoir

sa mhála

sa chófra

ar an tseilf

Is fearr clú ná conách.

⭐ *Imir Cluiche Cé hÉ?*

Daideo

Mamó

Aintín Máire

Mamaí

Uncail Pól

Uncail Séamus

Aintín Bríd

Barra
(col ceathrair)

Ciara
(mise)

Tríona
(col ceathrair)

Cian
(col ceathrair)

Tarraing do theaghlach féin

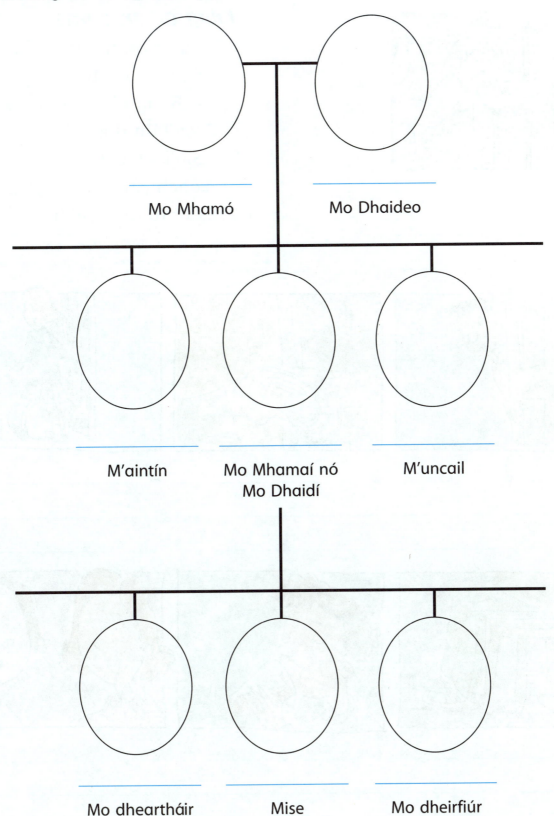

⭐ **Cuir an rann san ord ceart**

1 _____

_____

_____

Cnag ar an doras

Cnag ar an doras ☐
Suigh ar an stól ☐
Bí ag ól ☐
Oscail an doras ☐
Siúil isteach ☐
Féach isteach ☐
Conas tá tú ar maidin? ☐

Nóirín Ní Nuadháin

2 _____

_____

3 _____

_____

4 _____

_____

5 _____

_____

6 _____

_____

7 _____

_____

★ *Meaitseáil na bolgáin chainte*

⭐ *Léigh an cartún*

⭐ *Scríobh fíor nó bréagach*

D'oscail Mamaí an doras. _____

'Tar isteach,' arsa Ciara. _____

Bhí Aintín Bríd dána. _____

Léim an madra suas. _____

'Amach leat,' arsa Ciara. _____

Éist agus tarraing an teach

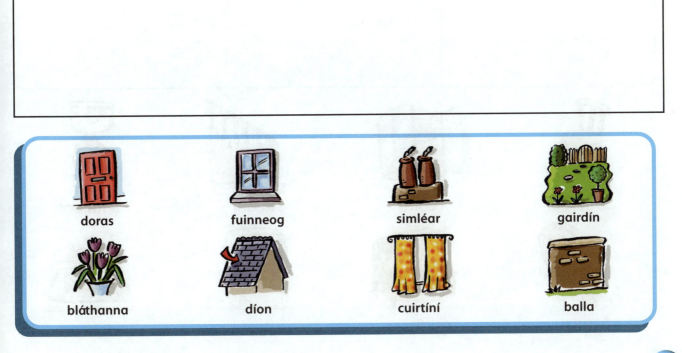

doras   fuinneog   simléar   gairdín

bláthanna   díon   cuirtíní   balla

Imir bingó

leaba

tolg

raidió

folcadán

teileafón

lampa

vardrús

bord

cathaoir

cófra

staighre

leithreas

scáthán

teilifíseán

cuisneoir

doirteal

⭐ **Aimsigh na botúin**

⭐ **Scríobh 6 bhotún atá sa phictiúr**

1 _____

2 _____

3 _____

4 _____

5 _____

6 _____

| sa seomra folctha | sa seomra codlata | sa chistin | sa seomra suí |

⭐ *Éist agus léigh an scéal*

Bhí  in .

Sa  bhí .

Ar an bhí  .

Léim an suas ar an  .

Leag an  an .

Leag an  an .

Leag an an  .

Agus leag an   ar fad!

mór	beag	madra	cat	coinín	éan

Níl aon tinteán mar do thinteán féin.

Scríobh do scéal féin

bord	leaba	cófra	lampa	cupán
buidéal	seilf	teilifíseán	raidió	pictiúr
balla	fuinneog	planda	coinneal	

Bhí teach _____ _____ in Éirinn.

Sa _____

Léim _____

Leag _____

_____

_____

_____

_____

_____

_____

_____

_____ Éire ar fad!

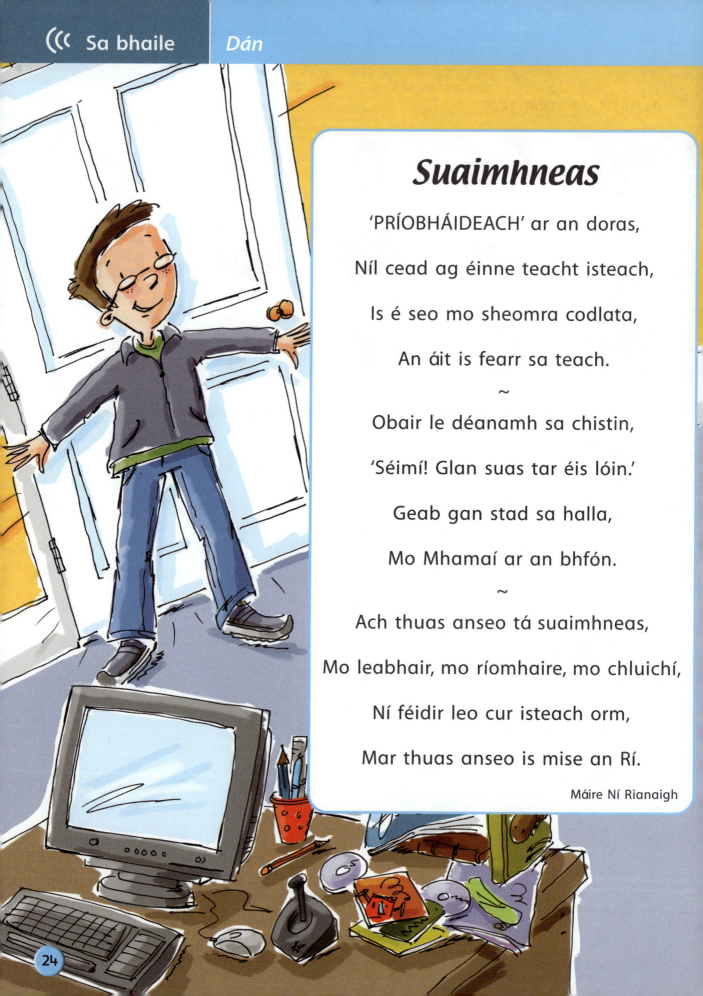

Suaimhneas

'PRÍOBHÁIDEACH' ar an doras,

Níl cead ag éinne teacht isteach,

Is é seo mo sheomra codlata,

An áit is fearr sa teach.

~

Obair le déanamh sa chistin,

'Séimí! Glan suas tar éis lóin.'

Geab gan stad sa halla,

Mo Mhamaí ar an bhfón.

~

Ach thuas anseo tá suaimhneas,

Mo leabhair, mo ríomhaire, mo chluichí,

Ní féidir leo cur isteach orm,

Mar thuas anseo is mise an Rí.

Máire Ní Rianaigh

Scríobh faoi do sheomra

SEOMRA

PRÍOBHÁIDEACH

 **Rudaí atá go maith**

Tá teilifíseán ann. _____

_____

_____

_____

_____

_____

Rudaí nach bhfuil go maith

Níl_____ ann.

_____

_____

_____

_____

_____

25

Léigh na fógraí agus scríobh ainm an tseomra

sa seomra folctha	sa seomra codlata	sa chistin
sa seomra suí	sa halla	

⭐ **Scríobh do dhráma féin**

sa chlós

sa leithreas

san oifig

sa siopa

sa pháirc

sa charr

sa halla

sa seomra suí

sa seomra folctha

Imir trí sa líne

1 calóga arbhair	2 tósta	3 leite
4 ubh bheirithe	5 ubh scrofa	6 tae
7 slisíní	8 ispíní	9 torthaí
10 bainne	11 arán donn	12 sú oráistí

⭐ **Imir bingó**

⭐ ***Scríobh do dhráma féin***

😊
_____
_____

😊
_____
_____

😊
_____
_____

😊
_____
_____

😊
_____
_____

😊
_____
_____

😊
_____
_____

😊
_____
_____

sceallóga

chun dinnéir

chun lóin

anraith

cáis

torthaí

tae

ispíní

★ **Éist agus cuir san ord ceart**

Ith an leite.

Cuir bainne agus siúcra sa leite.

Tóg amach as an micreathonn í agus corraigh í.

1 Cuir leite agus bainne nó uisce sa bhabhla.

Cuir an babhla sa mhicreathonn.

★ **Scríobh**

Déan leite

⭐ **Léigh, meaitseáil agus scríobh**

_____ _____ _____

_____ _____ _____

_____ _____ _____

_____ _____

_____ _____

_____ _____

Feicim bainne   sa chistin.

Feicim an tae   sa chiseán.

Feicim an t-arán   sa chuisneoir.

Feicim calóga arbhair   sa chupán.

Feicim Ciara   sa chófra.

Marbh le tae agus marbh gan é!

Tarraing do chistin féin ar leathanach

sorn	cófra	cuisneoir	meaisín níocháin	miasniteoir	bord
cathaoir	fuinneog	doirteal	citeal	iarann	micreathonn

donn	dubh	gorm	glas	dearg	oráiste	buí

1 amháin	2 dhá	3 trí
4 ceithre	5 cúig	6 sé

 Scríobh na difríochtaí

Mise	**Mo chara**
Tá ceithre chathaoir agam.	Tá sé chathaoir ag mo chara.

Imir trí sa líne

1 ceapaire cáise	2 anraith	3 sceallóga
4 sailéad	5 ceapaire liamháis	6 píotsa
7 torthaí	8 brioscaí	9 práta bácáilte
10 ceapaire sicín	11 criospaí	12 iógart

 Imir bingó

★ *Léigh an cartún*

A Shéimí, tá sé in am lóin.

An bhfuil sceallóga ann?

Níl. Ar mhaith leat ceapaire?

Cén sórt?

Ceapaire sailéid.

Ní maith liom sailéad.

Bhuel – cad atá uait?

Níl a fhios agam.

Féach sa chuisneoir agus déan do cheapaire féin.

★ *Éist agus déan ceapaire*

píosa aráin   dhá phíosa aráin   im   cáis

1 Faigh _____

_____

2 Cuir _____

_____

3 _____

_____

4 _____

_____

★ *Inis an scéal*

1 Fuair mé _____

_____

2 Chuir mé _____

_____

3 Chuir mé _____

_____

4 D'ith mé _____

_____

Tarraing agus déan cur síos ar do lóin

Mo bhosca lóin

Tá _____

i mo bhosca.

_____

_____

_____

_____

_____

_____

_____

Do bhosca lóin

Tá _____

i do bhosca.

_____

_____

_____

_____

_____

_____

⭐ *Líon na bolgáin chainte*

Buíochas le Dia! Tá ocras orm.

Cad atá ann?

Iasc, cairéid, pónairí agus prátaí.

Ní ithim iasc. An bhfuil aon sceallóga ann?

Níl. Ith é nó ní bheidh aon teilifís anocht!

Buachaill dána! Téigh go dtí an leaba anois.

Tá sé in am dinnéir. | Is fuath liom cairéid. | Ní íosfaidh mé!

Líon isteach an dialann

Ainm _____	chun bricfeasta	chun lóin	chun dinnéir
D'ith mé			
D'ól mé			

⭐ **Inis an scéal**

D'ith mé _____ inné chun bricfeasta. _____

Bia Folláin

Isteach liom sa chistin,

Ar a hocht a chlog ar maidin.

~

Aon seans ar ispín,

Is putóg dhubh?

~

Aon seans ar bhagún,

Aon seans ar ubh?

~

Seo duit leite le bainne úr.

Ith go tapa í nó beidh sí fuar.

~

Cad a bheidh agam ar scoil?

Déan ceapaire dom le do thoil.

~

Níl barra uaim ná milseáin,

Níl uaim anois ach Bia Folláin!

Máire Chaomhánach

⭐ *Éist agus cuir tic sa bhosca ceart*

1 Rith sé isteach

sa chistin ☐   sa seomra codlata ☐

2 Bhí an bricfeasta ar

a seacht a chlog ☐   a hocht a chlog ☐

3 Cad a fuair sé le haghaidh bricfeasta?

ispíní ☐   leite ☐

4 Bhí sé ag dul

go dtí an siopa ☐   ar scoil ☐

5 D'ith sé ... ar scoil

ceapaire ☐   milseáin ☐

Imir trí sa líne

1 mo chóta	2 mo sheaicéad	3 mo léine
4 mo t-léine	5 mo bhríste	6 mo stocaí
7 mo sciorta	8 mo riteoga	9 mo charbhat
10 mo bhlús	11 mo bhróga	12 mo chulaith reatha

 Imir bingó

★ *Éist agus tarraing na héadaí*

Séimí   Ciara

★ *Déan cur síos. Éist le do chara agus tarraing*

Mamaí   Daidí

⭐ *Éist agus líon na bolgáin chainte*

Níl sé. | Ó bhó. | Tá sé anseo. | Níl a fhios agam. | D'fhéach, níl sé ann.

⭐ **Imir Cluiche Cá Bhfuil Sé?**

⭐ **Cabhraigh le Ciara na héadaí a fháil**

1 Cad atá faoin leaba? _____

2 Cad atá ar an gcathaoir? _____

3 Cad atá sa chófra? _____

4 Cá bhfuil an hata gorm? _____

5 Cá bhfuil an geansaí glas? _____

Tá dhá chos agam ach ní féidir liom siúl. Cé mise?

Péire bróg

★ *Éist agus léigh an scéal*

Bhí Séimí ar buile. Bhí a léine nua caillte.

D'fhéach sé faoin leaba. Ní raibh an léine ann.

Ansin, d'fhéach sé sa chófra. Ní raibh an léine ann.

D'fhéach sé sa chró. Bhí an léine ag Dubhín. 'Madra dána!' arsa Séimí.

⭐ *Cuir na habairtí agus na pictiúir le chéile*

1 _____

_____

2 D'fhéach sí faoin mbord. Ní raibh na bróga ann.

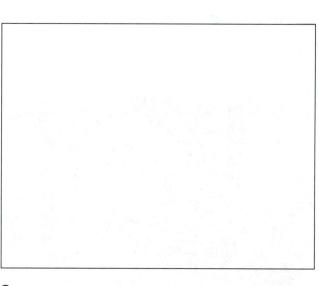

3 _____

_____

4 _____

_____

Ansin, d'fhéach sí sa chistin. Ní raibh na bróga ann.
D'fhéach sí faoin mbord. Ní raibh na bróga ann.
Bhí Mamaí ar buile. Bhí a bróga nua caillte.
Bhí na bróga ag Áine. 'Cailín dána,' arsa Mamaí.

Léigh agus meaitseáil

1

Tá sciorta agus t-léine orm.

2

Tá mé ag caitheamh hata agus lámhainní.

3

Tá sé rómhór.

4

Cuir ort do scairf.

5

Tá mo gheansaí salach.

6

Bain díot do chóta.

7

Cá bhfuil mo chuid stocaí?

⭐ *Freagair na ceisteanna*

An bhfuil éide scoile agat?   Tá ☐   Níl ☐

An maith leat í?   Is maith ☐   Ní maith ☐

Déan cur síos uirthi

_____

_____

_____

_____

_____

_____

_____

_____

_____

_____

sciorta	bríste	léine	geansaí
carbhat	bléasar	cóta	stocaí

dubh	donn	glas
gorm	dearg	oráiste
buí	bándearg	liath
corcra	bán	marún

Culaith reatha

'Bain díot é sin,' a deir Mamaí.

'Tá sé stróicthe sean salach!

Cuir éadaí glana néata ort,

Nuair a théann tú amach.'

~

Ceannaíonn Mamaí éadaí nua dom.

Huth! Ní bhacaim leo.

Is fearr liom fós mo chulaith reatha,

Is beidh sí orm go deo.

Máire Ní Rianaigh

49

★ **Éist agus cuir tic sa bhosca ceart**

1 Bhí Ciara ag caitheamh

   éide scoile ☐   culaith reatha ☐

2 Cá raibh an éide?

   ar an mbord ☐   sa mhála ☐

3 An chéad leithscéal

   Tá sí   ar scoil ☐   caillte ☐

4 An dara leithscéal

   Ach tá sí   salach ☐   stróicthe ☐

5 An tríú leithscéal

   Ach tá sí   rómhór ☐   róbheag ☐

6 An maith le Ciara an éide scoile?

   Is maith ☐   Ní maith ☐

Scríobh do dhráma féin

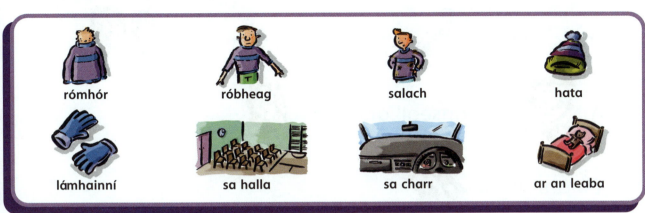

rómhór   róbheag   salach   hata

lámhainní   sa halla   sa charr   ar an leaba

Léigh an scéal

Chuir Séimí air agus chuaigh sé ar .

'A tar anseo!' arsa an .

'Cá bhfuil do ?

'Tá sí sa bhaile,' arsa .

Bhí an ar buile.

Ní raibh cead ag Séimí a fháil ag am lóin.

 Scríobh do scéal féin

_____ i dtrioblóid

Chuir mé mo _____ orm agus chuaigh mé ar scoil.

_____

_____

_____

_____

_____

_____

⭐ **Déan suirbhé**

An maith leat d'éide scoile?

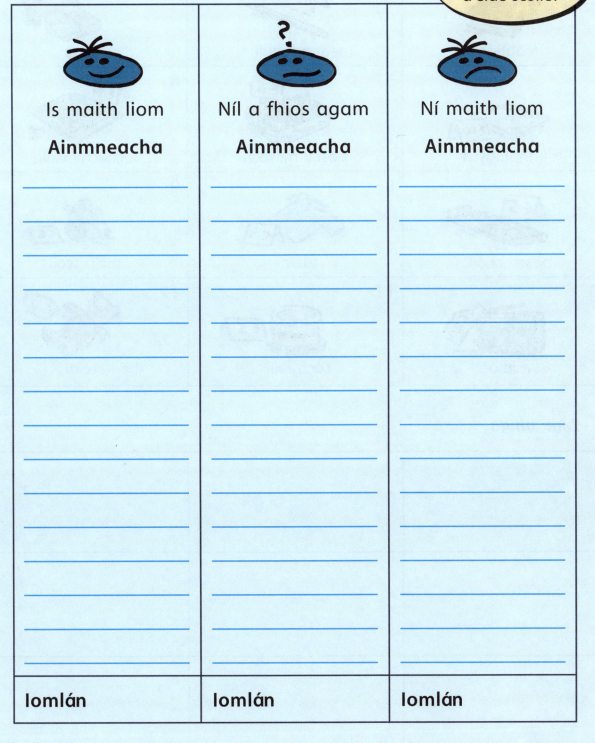Is maith liom **Ainmneacha**	Níl a fhios agam **Ainmneacha**	Ní maith liom **Ainmneacha**
Iomlán	**Iomlán**	**Iomlán**

⭐ *Imir trí sa líne*

1 €2 **leabhar**	2 €1 **peann luaidhe**	3 €30 **cóta**
4 €10 **dlúthdhiosca**	5 €4 **bosca milseán**	6 €7 **cluiche cláir**
7 €5 **bosca crián**	8 €9 **t-léine**	9 €6 **mála scoile**
10 €20 **raidió**	11 €5 **cáca milis**	12 €3 **teidí**

⭐ *Imir bingó*

Éist agus scríobh an praghas

Tá €7 ag Áine. Tá go leor aici chun _____
agus _____ agus _____ a cheannach.
Níl go leor aici chun _____ agus _____ agus
_____ a cheannach.

| leabhar | teidí | fístéip | raidió | carr | cluiche |

Seachtar seanfhear ina suí sa siopa.

Líon na bolgáin chainte

| Is liomsa é. | Tá banana uaim. | Slán agat. | Go raibh maith agat. |

Cad atá uait?

Seo duit.

Cé leis é?

Slán leat.

⭐ *Léigh an scéal*

Chuaigh Ciara go siopa na bpeataí. Chonaic sí a lán peataí: cat, madra, éan, iasc agus coinín.

'Cad atá uait?' arsa an siopadóir.
'Hmm, níl mé cinnte,' arsa Ciara.

Cheannaigh sí damhán alla mór dubh. Deich euro a bhí air.

'Há há,' arsa Ciara. 'Beidh sport agam le hÁine anois.'

⭐ **Scríobh agus tarraing an scéal san ord ceart**

1 _____

_____

2 _____

3 _____

_____

4 _____

_____

Cheannaigh sí t-léine nua.
'Slán leat,' arsa an siopadóir. 'Slán leat,' arsa Mamaí.
Deich euro a bhí air.
Chuaigh Mamaí go dtí an siopa.

⭐ *Cum teideal*

Chonaic mé sa siopa é,
Is chuaigh mé isteach,
Ach faraor, bhí sé ródhaor
Chun é a cheannach.

Shábháil mé féin gach uile cent
I mo bhosca coigiltis

'Faoi dheireadh! Tá go leor agam.
Ceannóidh mé é anois.'

Máire Ní Rianaigh

Siopadóireacht | *Ag sábháil le haghaidh*

milseán · rothair · turais scoile · geansaí peile · cairr

leabhair · cluiche · cóta · fístéipe · bronntanais

 Éist agus líon na bearnaí

Ainm	Bosca coigiltis?	Cé mhéad?	le haghaidh …?
Nóirín	Níl	€5	le haghaidh t-léine
Pól			
Orla			
Máire			
Seán			
Breandán			

Léigh an cartún

Cuir na habairtí san ord ceart agus scríobh amach iad

> Ciara
> rothar
> go leor airgid
> Séimí
> ag obair
> siopa rothair

☐ Chuaigh sé ag le   .

☐ Bhí 🚲 sa 🏪 .

☐ Cheannaigh sé an 🚲 .

☐ Ansin bhí go leor 💵 aige.

☐ Ní raibh go leor 💵 ag 👦 .

☐ _____

☐ _____

☐ _____

☐ _____

☐ _____

Is fearr an tsláinte ná na táinte.

62

Peata beag do Mháthar

Óró mo ghiolla beag
Grá mo chroí mo ghiolla 's tú
Óró mo ghiolla beag
'S tú peata beag do mháthar

~

Ceannóidh mise bróga duit,

Ceannóidh mise bróga duit,

Ceannóidh mise bróga duit,

Is stocaí beaga bána.

~

Óró mo ghiolla beag
Grá mo chroí mo ghiolla 's tú
Óró mo ghiolla beag
'S tú peata beag do mháthar

(Traidisiúnta)

⭐ **Cum véarsa eile don amhrán**

Ceannóidh mise _____
_____
_____
_____
_____
_____

Líon isteach na bearnaí

Siopadóir:	_____
Páiste:	Dia is Muire duit.
Siopadóir:	_____
Páiste:	Níl mé cinnte.
Páiste:	Cé mhéad atá ar an mbarra seacláide?
Siopadóir:	_____
Páiste:	_____
Siopadóir:	€1.50 atá air.
Páiste:	Ceannóidh mé an paicéad milseán.
Siopadóir:	_____
Páiste:	Go raibh maith agat.
Siopadóir:	_____
Páiste:	Slán leat.

Cad atá uait?
Tá … air.
Seo duit.
Fáilte romhat.
Dia duit.
Cé mhéad atá …

Is fearr éan sa lámh
ná dhá éan sa tor.

Imir cluiche

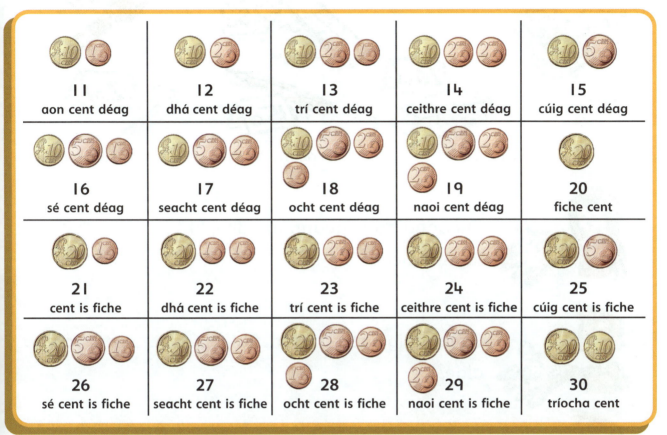

 Imir bingó

⭐ **Léigh agus scríobh na freagraí**

cóipleabhar   30c

scriosán   20c

rialóir   25c

peann luaidhe   15c

peann   28c

líreacán   12c

Cheannaigh sí peann luaidhe. Bhí _____ cent fágtha aici.

Cheannaigh sé scriosán. Bhí _____ cent fágtha aige.

Cheannaigh sé peann. Bhí _____ cent fágtha aige.

Cheannaigh sí líreacán. Bhí _____ cent fágtha aici.

 Déan do chuid sumaí féin

Bhí _____ agam.

Cheannaigh mé _____ .

Bhí _____ fágtha agam.

66

⭐ *Scríobh na freagraí agus aimsigh na focail rúnda*

1 A sé + a haon
2 '—— maith liom airgead a fháil,' arsa Séimí.
3 'Is maith liom a bheith ag ——' arsa Ciara.
4 —— beag do Mháthar.

5 Go raibh maith —— .
6 Cheannaigh Ciara —— .
7 ——mo ghiolla beag.
8 Cé leis é? ——liomsa é.
9 Go ——maith agat.

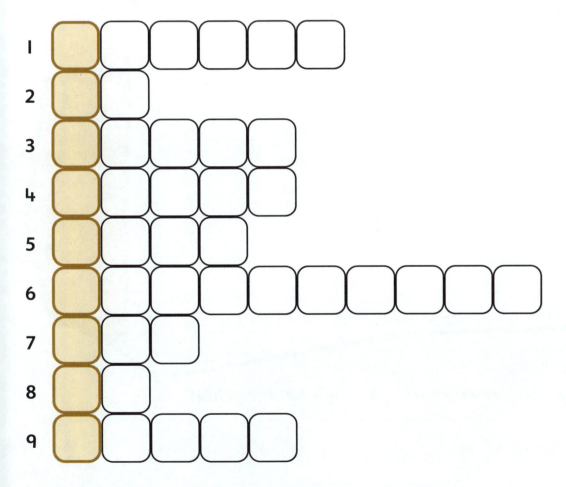

⭐ *Déan abairt leis na focail rúnda*

67

★ **Cad atá i do mhála scoile? Tarraing**

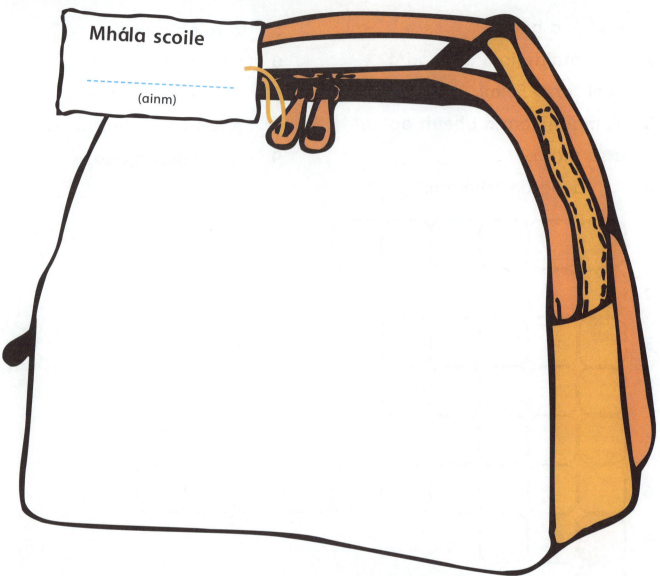

Mhála scoile

(ainm)

★ **Féach ar phictiúr do charad. Aimsigh na difríochtaí**

I mo mhála scoile tá _____	I do mhála scoile tá _____

Scríobh do dhráma féin

peann luaidhe   rialóir   briste   feadóg stáin   leabhair

sa charr   airgead   cóipleabhair   ar an mbord

Mo Leabhair

Tá leabhair agam,
De gach sórt,
Mór, beag,
Tiubh, tanaí,
Gaeilge, Béarla,
Leabhair Spóirt.
~
Tá mála agam,
Is tá sé róbheag
Do mo leabhair,
De gach sórt,
Mór, beag,
Tiubh, tanaí,
Gaeilge, Béarla,
Leabhair spóirt.
~
Ba mhaith liom
Mála a fháil,
A bheidh mór go leor
Do mo leabhair,
De gach sórt,
Mór, beag,
Tiubh, tanaí,
Leabhair spóirt.

Máire Chaomhánach

Léigh agus líon na bolgáin chainte

Ba mhaith liom _____ a
fháil mar tá a lán leabhar agam.

Ba mhaith liom _____
_____ mar tá mé fuar.

_____
_____

mar tá mé ag déanamh pictiúir.

_____ mar ___

_____ .

_____
_____ mar ___

_____ .

_____ mar ___

_____ .

Imir cluiche

1 Gaeilge	2 Béarla	3 Mata
4 Stair	5 Tíreolaíocht	6 Eolaíocht
7 Corpoideachas	8 Ceol	9 Ealaín

 Imir bingó

Seachtain

Dé Luain: banana buí,

Dé Máirt: úll glas!

Dé Céadaoin: d'ól mé bainne,

Déardaoin: dheamhan blas!

Dé hAoine: d'ith mé ceapaire,

Dé Sathairn: cupán tae,

Dé Domhnaigh: cúpla milseán

Agus sin agaibh é!

Gabriel Rosenstock

Líon an crosfhocal

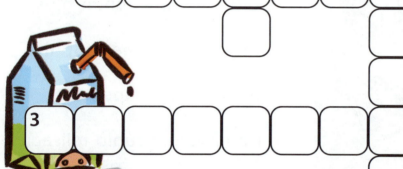

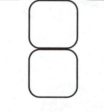

Trasna

1  = Dé _____

2  = _____

3 = Dé _____

4 = Dé _____

Síos

5 = Dé _____

6 = Dé _____

7 = Dé _____

Éist agus cuir uimhir sa bhosca ceart

 Anois scríobh an t-am

a haon a chlog

leathuair tar éis a
ceathair

ceathrú tar éis a deich

ceathrú chun a dó

An scoil *Clár ama Chiara*

⭐ **Léigh an clár ama agus cuir ceist**

Lá	An Luan	An Aoine
9.30	Gaeilge	Béarla
10.15	Mata	Mata
11.00	sos	sos
11.15	Béarla	Gaeilge
12.00	Tíreolaíocht	Stair
12.30	lón	lón
1.00	Drámaíocht	Eolaíocht
1.30	Ceol	Leabharlann
2.00	Snámh	Ealaín
3.00	abhaile	abhaile

Luan – leathuair tar éis a naoi?

Gaeilge.

Aoine – a haon a chlog?

Bíonn Eolaíocht ann.

⭐ **Déan comparáid**

An Luan   **An Aoine**

Bíonn _____ ar a _____   _____

Ní bhíonn _____ ar an _____   _____

⭐ *Cén lá is fearr leat ar scoil?*

_____

⭐ *Déan do chlár ama féin*

An _____

an t-am	ábhar

Molann an obair an fear.

⭐ *Déan comparáid*

Mise	Mo chara

★ *Léigh an dán agus tarraing an pictiúr*

Ar scoil

Téim ar scoil gach maidin ar a naoi.

Tagaim abhaile gach lá ar a trí.

Idir a naoi agus a trí,

Bíonn obair le déanamh,

Bíonn spórt againn is spraoi.

Máire Chaomhánach

Léigh agus críochnaigh an scéal

Múinteoir: Tá tú déanach.

Ciara: Bhí mé tinn.

Múinteoir: Tinn, an ea? An bhfuil nóta agat?

Ciara: Tá … bhuel níl.

Múinteoir: Cén fáth nach bhfuil?

Ciara: Bhuel, _____

_____

_____

79

Scríobh scéal an phictiúir

> tháinig
> ag déanamh
> sumaí
> ceathrú chun
> ag féachaint ar
> lámha suas
> ar an gclár dubh
> mata
> déanach

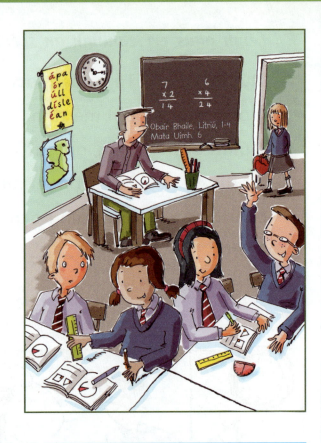

Teideal: _____

An Chéadaoin a bhí ann. _____

_____

_____

_____

_____

_____

_____

_____

_____

_____

Imir cluiche

1 cartún	2 clár grinn	3 clár dúlra
4 Tráth na gCeist	5 clár spóirt	6 An Aimsir
7 clár cainte	8 An Nuacht	9 clár ceoil

 Imir bingó

⭐ **Éist agus cuir tic nó X sa bhosca ceart**

	cartún	cláir spóirt	cláir ceoil	cláir dúlra
Séimí				
Áine				
Ciara				
Daidí				

⭐ **Ceard fút féin?**

Is breá liom _____ agus _____ .

_____

_____

Is fuath liom _____

_____

_____

_____

★ **Líon na bolgáin chainte**

Tabhair dom an leabhar.

Ní thabharfaidh! Ná bí ag cur isteach orm.

Tabhair dom an _____.

Ní thabharfaidh! Ná bí ag cur isteach orm.

_____

Ná bí ag cur isteach orm.

_____ cianrialtán.

_____

An Teilifís

Is maith liom an teilifís.

Cláir de gach sórt.

Cláir grinn, gallúntraithe agus cláir spóirt.

Is liomsa an cianrialtán!

Ní le Daidí é ná le Seán.

Ná bí ag cur isteach orm arís,

Tá mé ag féachaint ar an teilifís!

Máire Chaomhánach

Cuir ceist ar do chairde

An maith leat
_____ ?

Is maith liom: **Ainmneacha**	Níl a fhios agam: **Ainmneacha**	Ní maith liom: **Ainmneacha**
Iomlán	**Iomlán**	**Iomlán**

Léigh agus cuir ceisteanna

Cén t-am a thosaíonn?
Cén t-am a chríochnaíonn?

am	clár	
3.00	cartúin	
4.00	ceol	
4.30	clár grinn	
5.00	gallúntraí	
5.30	clár dúlra	
6.00	An Nuacht	
6.30	An Aimsir	

 Scríobh do sceideal féin

am	clár	ainm an chláir
6.00	cartún	Na Simpsons

★ *Éist agus cur tic sa bhosca ceart*

1   Cé atá ag caint ar an teileafón?

Séimí agus Ciara ☐   Séimí agus a Mhamaí ☐

2   Tá Séimí ag féachaint ar

chartúin ☐   scannán ☐

3   Tá Ciara ag dul ag

snámh ☐   scátáil ☐

4   Críochnaíonn an clár ar

a sé a chlog ☐   a seacht a chlog ☐

★ *Scríobh na habairtí iomlána*

1   Tá _____ agus _____ ag caint ar an teileafón.

2   _____

3   _____

4   _____

★ **Féach ar an bpictiúr agus cuir na habairtí san ord ceart**

Tá Ciara agus Séimí	ag Séimí.
Tá an teilifís	ar buile.
Tá an cianrialtán	sa seomra suí.
Tá sacar ar siúl	ag argóint.
Tá na páistí	ar siúl.
Tá Mamaí	ar an teilifís.

★ **Scríobh an scéal iomlán**

_____

_____

_____

_____

_____

Scríobh agus léigh

An clár is fearr liom

Ainm an chláir: _____

Saghas cláir: _____

Cén lá?: _____

Tosaíonn sé ar: _____

Críochnaíonn sé ar: _____

Na daoine atá ann: _____

⭐ *Tarraing pictiúr den chlár*

★ *Scríobh do dhráma féin*

★ *Tarraing carachtar teilifíse*

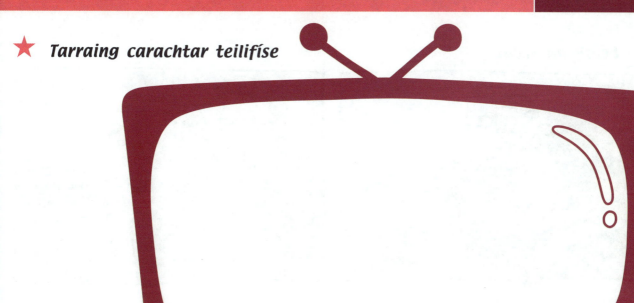

★ *Déan cur síos ar do charachtar*

_____

_____

_____

_____

_____

_____

_____

 Is fear é

 Is bean í

 Is buachaill é

 Is cailín í

 ramhar

 tanaí

 deas

 gránna

Léigh an scéal

Bhí scannán ar siúl ar an teilifís.

Tháinig fathach mór ar an teilifís.

Thosaigh Áine ag caoineadh.

Isteach le Mamaí.

Mhúch sí an teilifís.

Imir trí sa líne

1 liathróid cispheile	2 liathróid leadóige	3 buataisí
4 raicéad	5 gloiní cosanta	6 clár scátála
7 slacán	8 clogad	9 hata
10 bróga reatha	11 maide haca	12 sliotar

 Imir bingó

★ *Féach agus scríobh*

ag snámh

ag imirt iománaíochta

ag scátáil

ag imirt peile

ag imirt cispheile

Tá clogad ag Séimí.
Tá sé ag dul ag
rothaíocht.

Tá _____ agam.

Tá mé ag dul ag _____

⭐ *Léigh agus meaitseáil*

1 Tá an teaghlach go léir ag dul go dtí an trá.

2 Tá Ciara ag dul a chodladh.

3 Tá Séimí ag dul ag campáil.

4 Tá Áine ag teacht abhaile ón gcóisir.

5 Tá Daidí ag dul ag siopadóireacht.

6 Tá Mamaí ag dul amach.

Cad atá sa mhála agat?

Cad atá sa mhála agat?

Tá sé an-mhór.

Tá éadaí agus buataisí,

Agus fearas go leor.
~
Tá mé ag dul chuig cluiche,

Sa pháirc peile ar a trí.

Ar mhaith leat teacht liom?

Beidh spórt againn is spraoi.

Máire Chaomhánach

Scríobh véarsaí eile

Cad atá sa mhála agat?

Cad atá sa mhála agat?

Tá sé an-mhór.

Tá _____ agus _____,

Agus _____ go leor.

~

Cad atá sa bhosca agat?

Tá sé an-lán.

Tá _____ agus _____,

Agus _____ go leor.

leabhair

bosca lóin

cóipleabhair

criospaí

seacláid

deoch

milseáin

ceapaire

Múineann gá seift.

97

Léigh an scéal agus scríobh na habairtí

Déan deifir!

Ó bhó! Cá bhfuil mo chlogad?

Féach i do mhála spóirt.

Tá sé agam ach cá bhfuil mo bhuataisí?

Ná bac leo. Tá bróga reatha ort

Tá Séimí ag dul	ag Ciara.
Tá an cluiche	nóta.
Scríobh Ciara	ag Séimí.
Tá an clogad	ag iománaíocht.
Tá buataisí	ar a trí.
Níl buataisí	sa mhála spóirt.

Scríobh nótaí ó Shéimí agus Chiara

A Mham,

Ag an gcluiche le Séimí.

Ar ais ar 4.30,

Ciara

Séimí

Ciara

Caitheamh aimsire | *Taitníonn/Ní thaitníonn*

⭐ *Léigh agus scríobh*

 Taitníonn ... liom.

 Ní thaitníonn ... liom.

 Taitníonn peil liom.    _____

 _____   _____

 _____   _____

 _____   _____

 _____   _____

 _____   _____

 _____

snámh	rothaíocht	scátáil	damhsa	marcaíocht
peil	leadóg	iománaíocht	ceol	canadh
ríomhairí	leabhair	teilifís	sacar	

★ **Tarraing caitheamh aimsire agus déan suirbhé**

Caitheamh aimsire	Is breá liom	Is fuath liom
	Áine	

⭐ *Éist agus scríobh*

Is le _____ é.

Is le _____ é.

Is le _____ é.

Is le _____ é.

Is le _____ é.

Léigh an scéal

Fuair Séimí .

Chuir sé a agus a chamán sa mhála.

Chuaigh sé go dtí an cluiche.

D'oscail sé a .

D'fhéach sé isteach.

Bhí a chlogad agus a sa mhála.

Ní raibh a aige.

Mo Gheansaí Spóirt

D'oscail mé mo mhála spóirt,
Is d'fhéach mé isteach.
Is beag nár leag an boladh mé,
Boladh gránna ag teacht amach!

~

Chuir mé mo lámh sa mhála,
Agus rug mé ar mo bhróga,
Anois! Cá bhfuil mo chuid éadaí?
Isteach le mo lámh arís – mise cróga!

~

Amach le mo gheansaí,
Geansaí a bhí bán,
Agus féach ar mo chuid stocaí,
Bhuel, stoca amháin.

~

Anois cad a dhéanfaidh mé?
Tá cluiche agam ar a trí.
Ná bac leis an mboladh,
Níl am agam iad a ní!

Máire Chaomhánach

Féach ar phictiúr 7 (lch. 139) agus imir 'Feicim le mo shúilín'

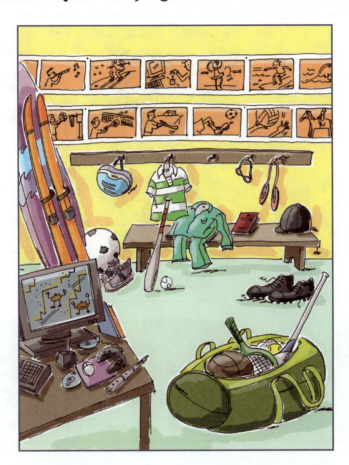

 Scríobh an oiread focal agus a fheiceann tú ón bpictiúr

_____ _____ _____ _____

_____ _____ _____ _____

_____ _____ _____ _____

_____ _____ _____ _____

_____ _____ _____ _____

_____ _____ _____ _____

_____ _____ _____ _____

Imir cluiche

1 fuar	2 fliuch	3 gaofar
4 stoirmiúil	5 grianmhar	6 scamallach
7 ag cur seaca	8 te	9 ag cur sneachta

 Imir bingó

★ *Éist agus léigh an scéal*

Bhí an ghrian ag gáire.

Thosaigh an ghrian ag gáire.

Amach leis na scamaill.

Amach leis an mbogha báistí.

Thosaigh na scamaill ag troid.

Thit an bháisteach.

Phléasc an toirneach.

⭐ **Scríobh do dhráma féin**

 hata

 grianmhar

 gaofar

 te

lámhainní

Tagann an ghrian i ndiaidh na fearthainne.

Mise agus an aimsir

Ag súgradh faoin mbáisteach,

Ag rith leis an ngaoth,

Amach as an teach,

Is aoibhinn liom an spraoi.

~

Is cuma liom faoin aimsir,

Faoin mbáisteach nó faoin ngaoth,

Ach má stopann sé mo chóisir,

Ní bheidh gliondar ar mo chroí.

Máire Chaomhánach

Léigh an cárta poist

Dia duit ón Spáinn, a Shéimí!
Tá an aimsir go hiontach anseo.
Tá sé an-te, 35 céim gach lá!
Bíonn an spéir geal gorm agus
an ghrian ag taitneamh gach lá.
Is breá liom an snámh agus an
t-uachtar reoite!
Slán go fóill,
Ciara

Séimí Ó Néill

5 Sráid Ard

Cnoc Lorcáin

Baile Átha Cliath 6

Éire

 Scríobh cárta chuig do chara

Tá an aimsir	go maith	Gach lá bím	ag snámh
Tá an bia	go hiontach		ar an trá
	go dona		istigh

Féach ar an bpictiúr (lch. 140) agus freagair na ceisteanna

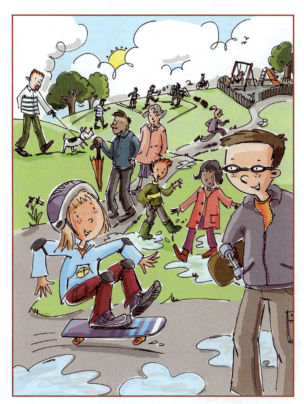

1   Cé mhéad duine atá sa phictiúr – comhair iad. _____

2   Cé atá sa phictiúr? Ainmnigh iad.

_____

3   Cad atá á dhéanamh ag Ciara?

_____

4   Cén sort lá atá ann? Déan cur síos ar an aimsir.

_____

_____

_____

5   Scríobh cúpla abairt eile faoin bpictiúr.

_____

_____

_____

★ **Líon an crosfhocal agus aimsigh na focail rúnda**

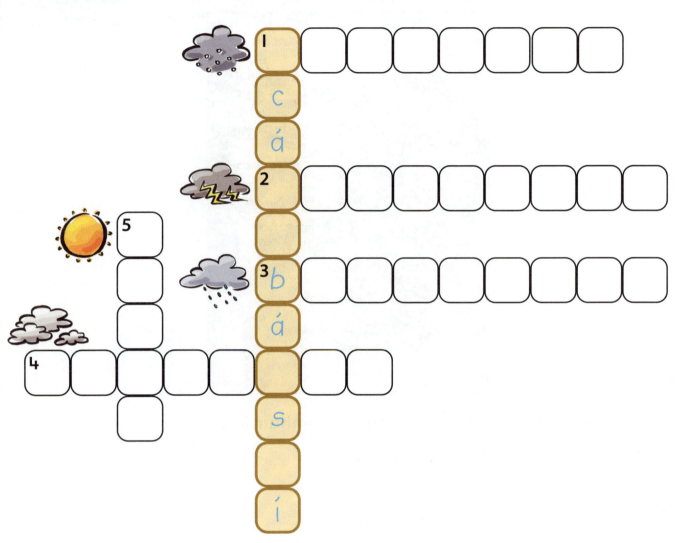

1 c á

2

5

3 b á

4

s

í

Cad a théann suas nuair a thagann an bháisteach anuas?

scáth báistí

⭐ *Éist, léigh agus scríobh*

Beidh breithlá ag Ciara	cóisir.
Ba mhaith le Ciara	ar an Satharn.
An bhfuil cead agam	réamhaisnéis na haimsire.
Féach ar	caisleán preabtha a fháil.

⭐ *Éist agus tarraing na siombailí isteach*

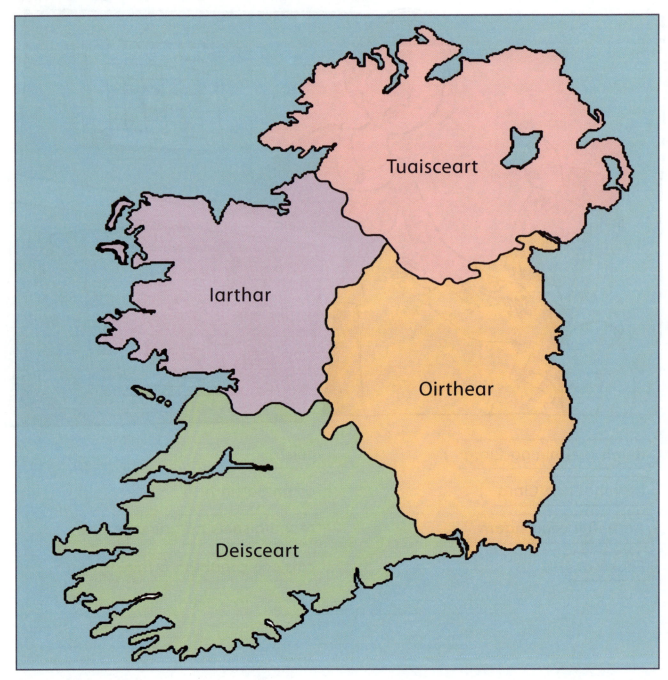

| gaofar | fliuch | grianmhar | stoirmiúil |

⭐ *Éist agus líon an ghreille*

	Ar maidin	Sa tráthnóna
An Tuaisceart		
An Deisceart		
An tIarthar		
An tOirthear		

fuar

scamallach

sioc

te

★ *Déan dialann*

🔗 Dialann aimsire 🔗

Lá	focail	pictiúr
An Luan	_____	
An Mháirt	_____	
An Chéadaoin	_____	
An Déardaoin	_____	
An Aoine	_____	
An Satharn	_____	
An Domhnach	_____	

Ag Súgradh sa Sneachta

Ag súgradh sa sneachta,

Ag súgradh sa sneachta,

Nach iontach an mothú é,

Tá áthas orm arís.

~

Ag sleamhnú sa sneachta,

Ag sleamhnú sa sneachta,

Nach iontach an mothú é,

Tá áthas orm arís.

Máire Chaomhánach

★ **Scríobh dhá véarsa eile**

Ag sciáil

Ag canadh

117

⭐ *Léigh an scéal*

Rinne Séimí fear sneachta.

Rinne Ciara bean sneachta.

Rinne Orla agus San páistí sneachta.

Rinne Eoin madra sneachta.

Chuir Séimí hata mór ar an bhfear sneachta.

Thosaigh an fear sneachta ag damhsa.

Thosaigh sé ag canadh.

Bhí sceitimíní áthais ar na páistí.

Scríobh na freagraí

Tá sé _____   _____   _____

_____   _____   _____

_____   _____   _____

_____   _____   _____

_____   _____   _____

_____   _____   _____

_____   _____   _____

_____   _____   _____

_____   _____   _____

⭐ **Léigh an dráma**

> Ar mhaith leat dul chuig...........? Ba mhaith/Níor mhaith liom
> An féidir leat dul chuig...........? Is féidir/Ní féidir liom
> An bhfuil cead agat dul chuig...? Tá/Níl cead agam

Ciara: Ar mhaith leat dul chuig **cóisir**?

Séimí: Níl fhios agam. Cathain?

Ciara: Ar an **Aoine**, ar a **cúig a chlog**.

Séimí: B'fhéidir é …

Ciara: Ááá, le do thoil!

Séimí: Ba mhaith liom, go raibh maith agat.

⭐ **Scríobh do dhráma féin**

cóisir   an linn snámha   an sorcas   ar picnic   ceolchoirm   an zú

cluiche peile   cluiche sacair   fulacht   discó   céilí   an phictiúrlann

 Éist agus líon an ghreille

Beidh campa samhraidh ar siúl sa scoil.
Seo na himeachtaí a bheidh ann.

Clár		
Lá	Imeachtaí	Am
An Luan	_____	12·00
An Mháirt	_____	_____
An Chéadaoin	_____	_____
An Déardaoin	_____	_____
An Aoine	_____	_____
An Satharn	_____	_____
An Domhnach	_____	_____

Déan fógra le haghaidh campa samhraidh

Cad a bheidh ar siúl?

Cén t-am?

Cén lá?

CAMPA SAMHRAIDH

★ *Léigh an cartún*

Léigh an dá chuireadh

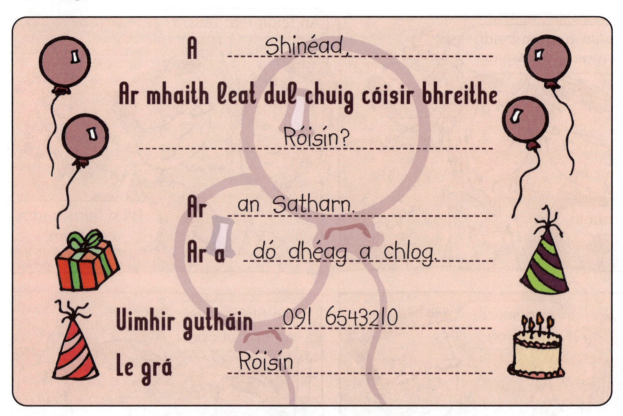

A   Shinéad,

Ar mhaith leat dul chuig cóisir bhreithe

Róisín?

Ar   an Satharn.

Ar a   dó dhéag a chlog.

Uimhir gutháin   091 6543210

Le grá   Róisín

Cuireadh

A Bhriain,

Tá mo chóisir bhreithe ar siúl ar an Aoine.
An féidir leat teacht linn go dtí an
phictiúrlann, ar a 7 a chlog?
Uimhir gutháin: 021 123456
Peadar.

★ *Scríobh freagra*

A _____

_____

_____

_____

_____

_____

_____

_____

_____

_____

An chóisir

Cailín:

Gligleáil gligleáil gligeáil glig

Níl a fhios agam beo cén gleo é sin istigh!

Gliog-gleag gliog-gleag gliog-gleag glig

An ligfidh tú isteach mé? Lig! Á lig!

~

Buachaill:

Gligleáil gligleáil gligeáil glig

An ligfidh mé isteach thú an ea, a chailín bhig?

Gliog-gleag gliog-gleag gliog-gleag glig

Ligfidh agus fáilte – ach i dtosach glan do smig.

Gabriel Rosenstock

⭐ **Seicheamh**

☐ D'oscail Daidí an doras.

☐ Uncail Aindí a bhí ann.

☐ Chuala siad cnag ar an doras.

☐ 'Dia duit,' arsa gach duine.

☐ Bhí cóisir ar siúl i dteach Shéimí.

☐ Bhí leanbh nua ag Aintín Orla.

⭐ **Scríobh an scéal san ord ceart**

_____

_____

_____

_____

_____

_____

_____

_____

_____

★ *Éist agus léigh an comhrá*

★ **Líon na bolgáin chainte**

Go maith, agus tú féin?

Ar mhaith leat sú oráistí?

Sin é Éamonn, mo chol ceathrair.

Cá bhfuil do mhála scoile?

Níor mhaith, go raibh maith agat.

Conas tá tú?

★ **Lean na treoracha**

★ **Lean na treoracha. Cá bhfuil tú?**

1   Téigh ar dheis, ansin ar chlé.

   Tá mé ag an _____

2   Téigh ar chlé, ansin ar dheis, ansin ar chlé arís.

3   Téigh díreach ar aghaidh, ansin ar dheis.

4   Téigh díreach ar aghaidh, ansin ar chlé.

⭐ **Léigh an scéal**

Bhí céilí mór ar siúl ar an Aoine.
'A Mhamaí, an bhfuil cead agam
dul go dtí an céilí?' arsa Ciara.
'Tá brón orm, níl,' arsa Mamaí.
'Beidh mé ag obair.'

Oíche Dé hAoine chuaigh Ciara
go dtí an céilí.
Ní raibh a fhios ag Mamaí.

Tháinig Mamaí abhaile.
D'fhéach sí sa chistin. Ní raibh
Ciara ann.
D'fhéach sí sa seomra suí agus sa
seomra codlata. Ní raibh Ciara
ann.

Tháinig Ciara abhaile.
Bhí Mamaí ar buile.
'Chuaigh tú go dtí an céilí gan
chead,' ar sise.
'Cailín dána! Imigh leat go dtí do
sheomra.'

131

★ *Scríobh dráma nó scéal mar gheall ar gcóisir*

cóisir _____ a bhí ann
ar a _____ a chlog
ar an _____
d'ith mé
d'ól mé
bhí _____ ann
an-mhaith

Slán!